REKEN RESIF PWENT NWA YO

Pa Julie K. Lundgren

Yon Liv Crabtree Plantules

TAB DE KONTNI

Sipò de Lekòl a Kay pou Moun Kap Bay Swen ak Pwofesè yo

Liv sa ede timoun yo grandi lespri yo nan kite yo pratike lekti. Men kèk kesyon kap ede lektè yo bati konpreyansyon konpetans yo. Epons posib yo parèt an wouj.

Anvan Lekti:

- De kisa mwen panse liv sa ap pale?
  - *Mwen panse ke liv sa se sou reken resif pwent nwa yo.*
  - *Mwen panse ke liv sa se sou kote yo viv.*

- Kisa mwen vle aprann sou sijè sa?
  - *Mwen vle aprann sou abitid reken resif pwent nwa yo.*
  - *Mwen vle aprann si nou ka naje avèk yo san danje.*

Pandan Lekti:

- Mwen mande poukisa...
  - *Mwen mande poukisa yo gen nwa sou pwent najwa yo.*
  - *Mwen mande poukisa yo tande ak wè byen.*

- Kisa mwen te aprann jiskaprezan?
  - *Mwen te aprann ke reken resif pwent nwa yo ap viv tou pre resif yo nan lanmè a.*
  - *Mwen te aprann ke reken pèdi ak grandi nouvo dan tout lavi yo.*

Aprè lekti:

- Ki detay mwen te aprann sou sijè sa?
  - *Mwen te aprann ke moun ki plonje anba dlo yo ka naje san danje ak reken sa yo.*
  - *Mwen te aprann ke yon resif se yon krèt fon anba dlo kote anpil bèt lanmè ap viv.*

- Li liv la ankò epi chèche mo vokabilè yo.
  - *Mwen wè mo* ***lanmè*** *nan paj 4 ak mo* ***moun ki plonje anba dlo*** *nan paj 18. Lòt mo glosè yo ap nan paj 22 ak 23.*

REKEN RESIF PWENT NWA YO

Fè **konesans** ak Reken Resif Pwent Nwa.

Yo rete tou pre resif yo nan **lanmè** a.

Yo gen fòs epi yo swa!

SA KI SOTI NAN DOSYE YO

Reken Resif Pwent Nwa òdinè yo ap grandi apeprè 5.5 pye (1.7 m) nan longè.

Èske ou wè pwent nwa sou tèt **najwa**?

fin

Najwa ede yo **balanse** ak trennen.

SA KI SOTI NAN DOSYE YO

Planch navige trennen tou!

Dan byen file ede yo trape pwason pouw yo manje.

SA KI SOTI NAN DOSYE YO

Reken pèdi ak grandi dan nouvo tout lavi yo.

Yo wè ak tande byen.

Yo ka naje ansanm
oswa pou kont yo.

Moun ki plonje anba dlo yo ka naje san danje ak reken sa yo.

Èske ou ta naje ak Reken Resif Pwent Nwa Yo?

GLOSÈ

balans: Pou balanse se pouw kenbe fiks ou epi pou pa tonbe.

dan: Dan yo blan, ti pati zo nan yon bouch ke yo itilize pou mòde ak moulen.

lanmè yo: Lanmè yo se gwo kò dlo sale kote anpil bèt lanmè yo ap viv.

moun ki plonje anba dlo yo: Moun ki plonje anba dlo yo se moun ki mete ekipe pou ede yo respire anba dlo.

najwa: Yon najwa se yon pati sou kò yon pwason ke yo itilize pou ede yo trennen ak balanse.

Resif: Yon Resif se yon krèt fon anba dlo kote anpil bèt lanmè ap viv.

Endèks

Sou Otè A

Julie K. Lundgren

Julie K. Lundgren te grandi tou pre Lak Siperyè kote li te revele ke li te konn jwe nan forè yo, ranmase frèz yo, ak agrandi koleksyon wòch li yo. Enterè li mennen li nan pran yon degre nan byoloji. Li rete nan Minnesota ak fanmi li.

Websites

https://aqua.org/explore/exhibits/blacktip-reef
www.montereybayaquarium.org/animals/animals-a-to-z/blacktip-reef-shark

Ekri pa: Julie K. Lundgren
Ki fèt pa: Jennifer Dydyk
Editè pa: Kelli Hicks
Korektè: Janine Deschenes
Tradui pa: Jean-Pierre Gaston

Photographs: Shark illustration on cover logo © BATKA/Shutterstock; Cover photo © Ian Scott/Shutterstock, page 3 © Gino Santa Maria/Shutterstock; page 5 © Kristina Vackova/ Shutterstock; page 7 © antos777/Shutterstock, diver © Ian Scott/Shutterstock, shark illustration © Dashikka/Shutterstock; page 9 © Ian Scott/Shutterstock; page 11 © Sergey Utkin/Shutterstock, surfer © Wonderful Nature, shark illustration © Dashikka/Shutterstock; page 12 © Karel Bartik/Shutterstock; Page 13 © Mark_Kostich/Shutterstock, shark illustration © Dashikka/Shutterstock; page 15 © Yann hubert/Shutterstock; Page 17 © Tomas Kotouc/Shutterstock; page 19 © Ian Scott/Shutterstock; page 21 © Dray van Beeck/Shutterstock; page 23 reef photo © Richard Whitcombe/Shutterstock

Crabtree Publishing Company
www.crabtreebooks.com 1-800-387-7650

Published in the United States
Crabtree Publishing
347 Fifth Avenue
Suite 1402-145
New York, NY, 10016

Published in Canada
Crabtree Publishing
616 Welland Ave.
St. Catharines, Ontario
L2M 5V6

Printed in Canada/112021/CPC